Nicola Lopetz

Un livre de la collection
Les jeunes plantes de Crabtree

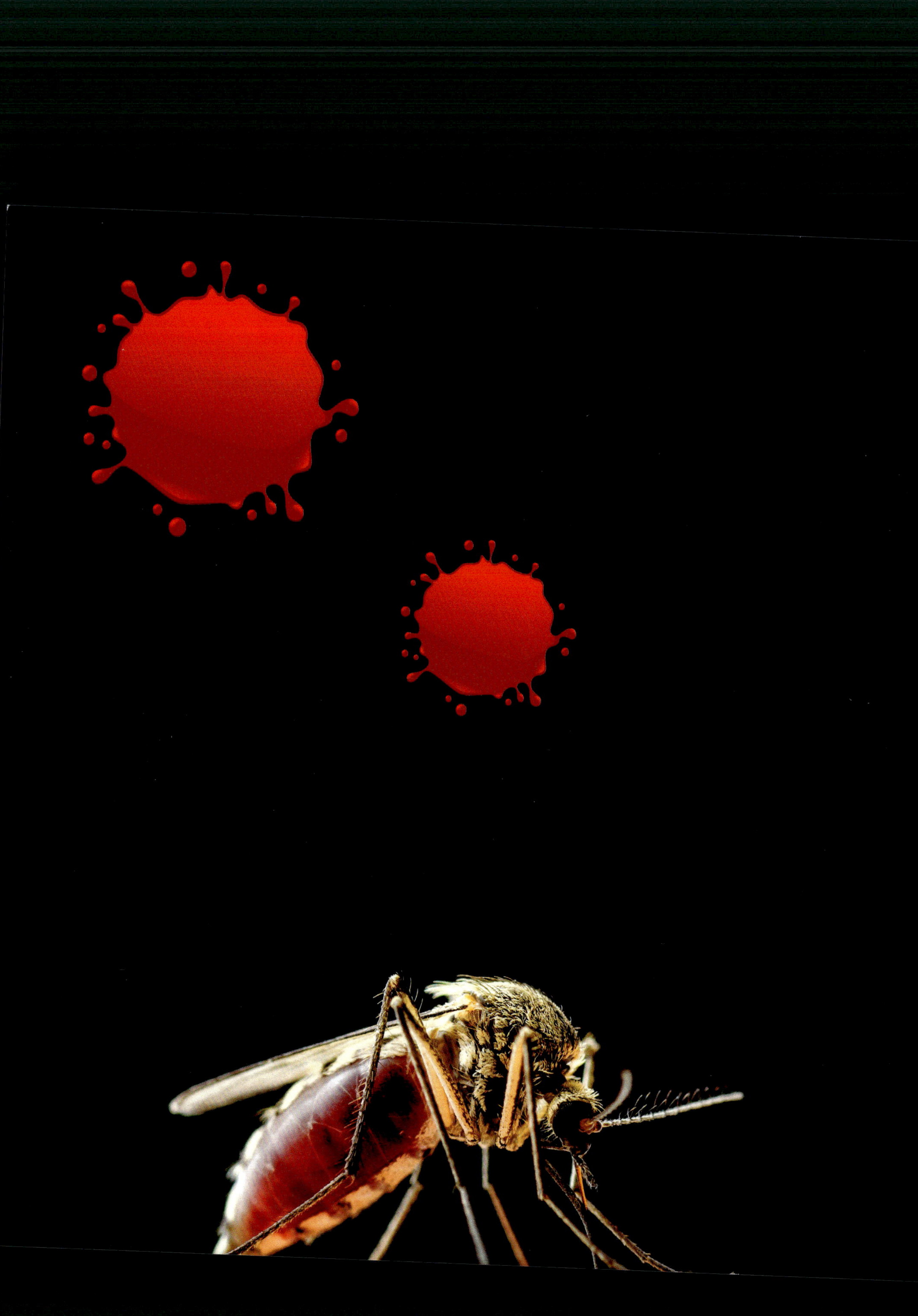

TABLE DES MATIÈRES

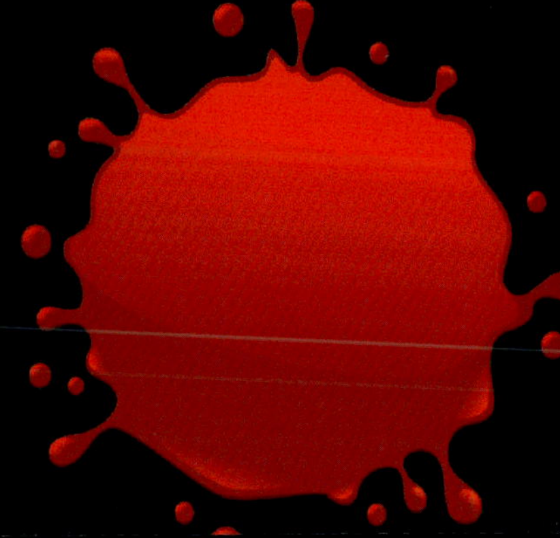

NOUS VOULONS BOIRE TON SANG!

Les animaux ont de nombreuses façons de se nourrir. Les **carnivores** chassent des **proies**. Les herbivores mangent uniquement des plantes. Certains animaux survivent en buvant du sang.

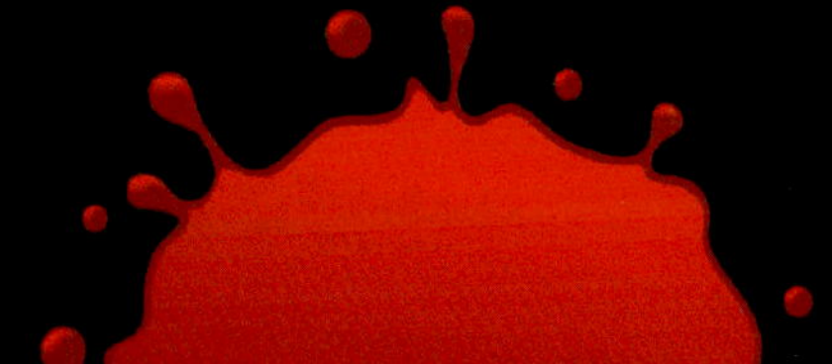

Effrayant ou intéressant?

La tique s'accroche à un **hôte** avec une partie barbelée de son corps située près de sa bouche. Elle enfouit ensuite sa tête dans la peau de l'hôte et commence à sucer—cela peut durer jusqu'à deux heures!

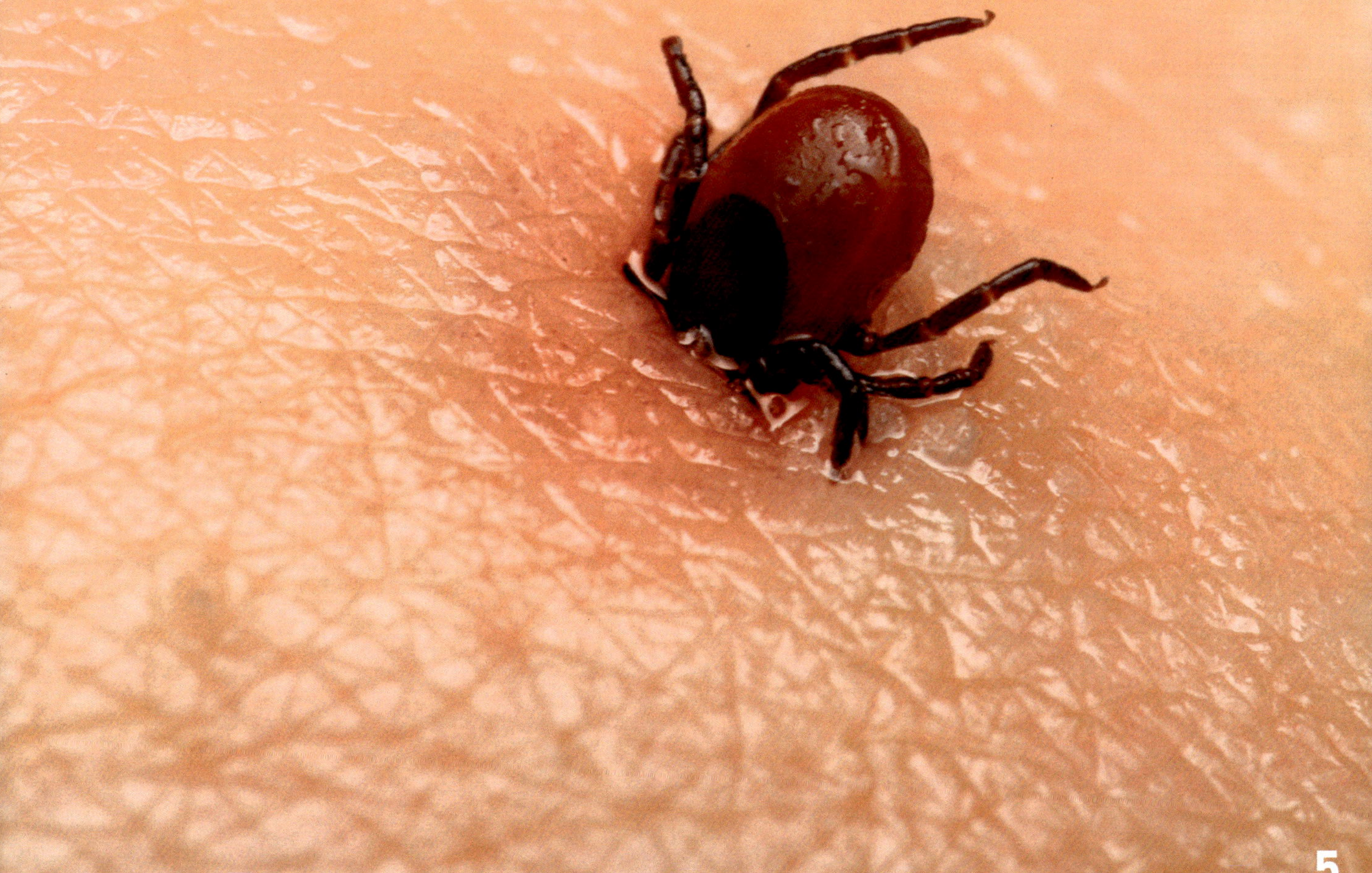

Les sangsues sont un type de ver. Elles ont une ventouse à chaque extrémité de leur corps pour s'agripper à leur hôte. Les sangsues qui boivent du sang ont des dents acérées pour entailler la peau de leur hôte.

EFFRAYANT OU INTÉRESSANT?

Il y a un produit chimique dans la salive des sangsues qui empêche le sang de coaguler. Les médecins les utilisent sur certains patients.

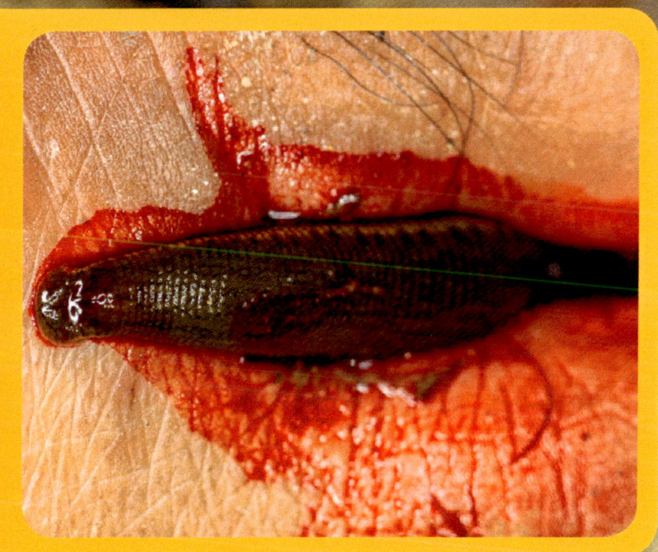

La plupart des sangsues vivent dans l'eau douce, mais on peut en trouver certaines sur la terre ou dans l'océan.

Le sang...délicieux et nutritif?

Le sang déborde de **protéines** et de **vitamines**. C'est une bonne nouvelle pour les animaux qui se nourrissent exclusivement de sang.

DES OISEAUX SANGUINAIRES

Il n'existe pas d'oiseau qui se nourrit uniquement de sang, mais le sang est au menu de quelques espèces.

Les pique-bœufs boivent le sang des plaies ouvertes sur les gros mammifères d'Afrique. Les pique-bœufs peuvent aussi être utiles, car ils mangent les tiques, les puces et les asticots sur la peau des mammifères.

EFFRAYANT OU INTÉRESSANT?

Les pique-bœufs mangent aussi le cérumen et les squames des mammifères.

Les oiseaux n'ont pas de dents. De nombreux oiseaux ont un bec acéré pour percer, trancher ou déchirer.

Le moqueur d'Española habite sur les îles Galápagos. Il se nourrit parfois du sang des oiseaux marins blessés.

EFFRAYANT OU INTÉRESSANT?

Le géospize à bec pointu, ou géospize vampire, habite aussi sur les îles Galápagos. Il utilise son bec pour infliger des coupures aux oiseaux marins, puis engloutit le sang.

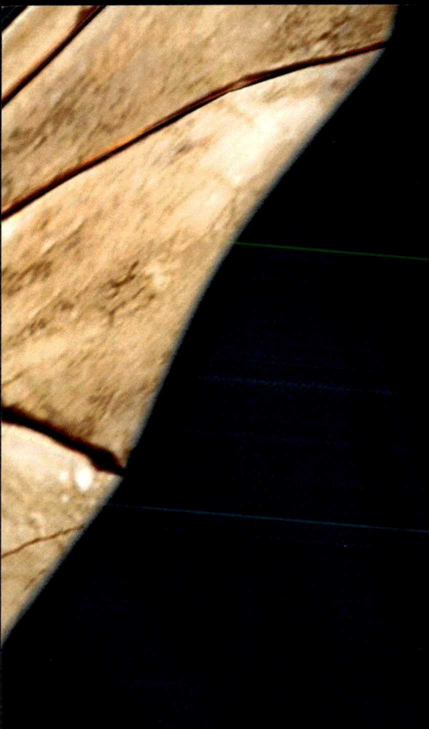

DES CHAUVES-SOURIS SUCEUSES DE SANG

Il existe plus de mille espèces de chauves-souris dans le monde. Seulement trois espèces boivent du sang. Ouf!

EFFRAYANT OU INTÉRESSANT?

Les trois espèces de chauves-souris qui boivent du sang sont :

1. Le vampire commun
2. Le vampire à ailes blanches
3. Le vampire à pattes velues

Les vampires habitent au Mexique, en Amérique centrale et en Amérique du Sud.

Le vampire commun se pose furtivement sur les gros animaux. Il mord la peau et lèche le sang.

Comme tous les vampires, le vampire à ailes blanches se nourrit uniquement de sang.

DES INSECTES INFECTÉS

Les moustiques sont les vecteurs de **maladies** graves. Ils propagent les maladies quand ils transfèrent du sang **infecté** à différentes personnes.

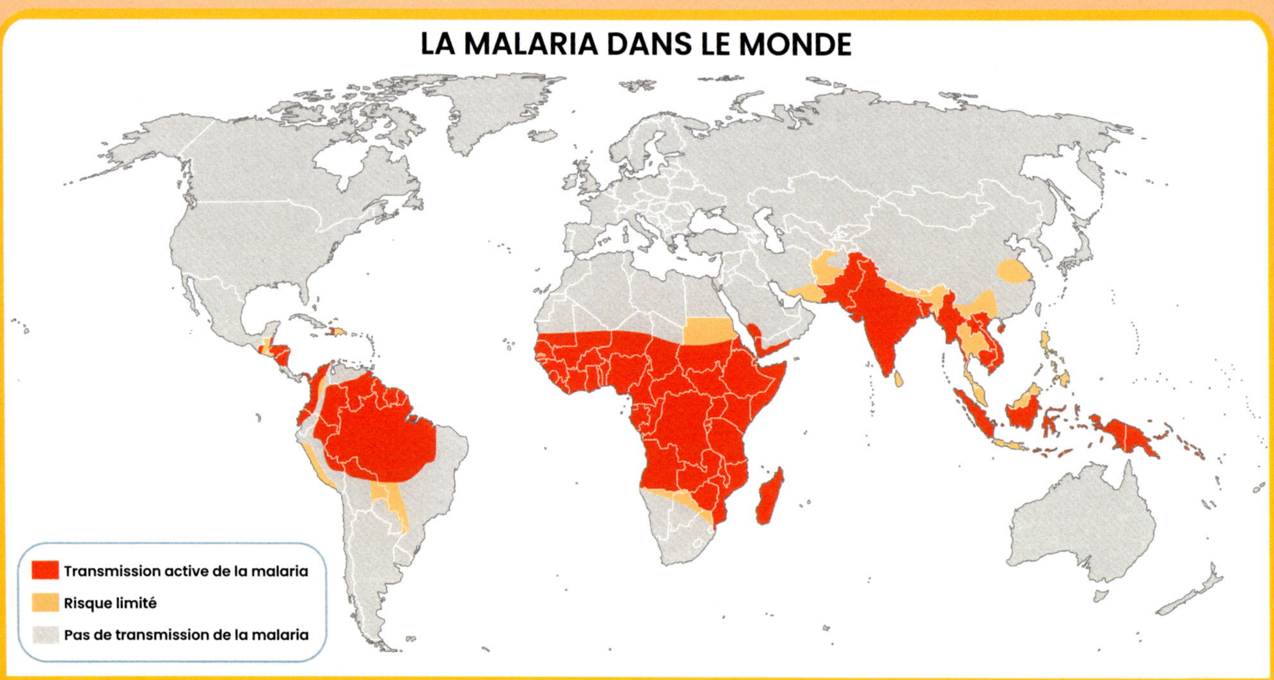

La malaria est l'une des maladies mortelles transmises par les moustiques.

EFFRAYANT OU INTÉRESSANT?

Seule la femelle moustique boit du sang. Elle en a besoin pour faire des œufs.

Le moustique pousse son **rostre** dans la peau de sa victime. Il suce le sang par son rostre, comme une paille.

Les puces sont minuscules, mais elles peuvent rendre la vie misérable. Elles se nourrissent sur les animaux à sang chaud—y compris les humains!

Les puces ont un rostre pour percer la peau et sucer le sang.

« Bonne nuit, beaux rêves. Pas de puces, pas de punaises! »

Les punaises de lit vivent dans les oreillers et les matelas. Elles se nourrissent habituellement la nuit, pendant que leur victime dort.

EFFRAYANT OU INTÉRESSANT?

Les poux vivent dans les cheveux humains et se nourrissent du sang du cuir chevelu.

DES POISSONS AFFAMÉS

La lamproie semble inoffensive—jusqu'à ce que tu regardes dans sa bouche. Ça alors! La bouche d'une lamproie est comme une ventouse puissante remplie de dents en rangées circulaires.

EFFRAYANT OU INTÉRESSANT?

Qu'elles soient intéressantes ou effrayantes, les créatures dans ce livre boivent du sang pour rester en vie.

GLOSSAIRE

carnivores (kar-ni-vor) : Des animaux qui attrapent et mangent d'autres animaux

hôte (haute) : Un animal ou une plante sur lesquels un autre animal vit et se nourrit

infecté (in-fek-té) : Contient des germes nuisibles

maladies (ma-la-di) : Affections

proies (proa) : Des animaux chassés et mangés par d'autres animaux

protéines (pro-té-inn) : Substances dans les aliments nécessaires pour un corps en santé

rostre (rostr) : Le long museau ou le tube d'alimentation d'un animal

vitamines (vi-ta-minn) : Substances dans les aliments nécessaires pour un corps en santé

INDEX

Soutien de l'école à la maison pour les parents, les gardiens et les enseignants

Ce livre aide les enfants à se développer grâce à la pratique de la lecture. Voici quelques exemples de questions pour aider le lecteur ou la lectrice à développer ses capacités de compréhension. Les suggestions de réponses sont indiquées en rouge.

Avant la lecture

- **De quoi ce livre parle-t-il?** *Je pense que ce livre parle des animaux qui sucent le sang. Je pense que ce livre parle des vampires.*
- **Qu'est-ce que je veux apprendre sur ce sujet?** *Je veux savoir quels animaux boivent du sang. Je veux savoir s'il existe de vrais vampires.*

Pendant la lecture

- **Je me demande pourquoi...** *Je me demande pourquoi les médecins utilisent parfois des sangsues sur certains patients. Je me demande pourquoi les moustiques boivent le sang des humains.*
- **Qu'est-ce que j'ai appris jusqu'à présent?** *J'ai appris que les oiseaux n'ont pas de dents. J'ai appris qu'il existe plus de 1 000 espèces de chauves-souris dans le monde, et que seulement trois boivent du sang.*

Après la lecture

- **Nomme quelques détails que tu as retenus.** *J'ai appris que seules les femelles moustiques boivent du sang; elles en ont besoin pour faire des œufs. J'ai appris que les poux vivent dans les cheveux des humains et se nourrissent du sang du cuir chevelu.*
- **Lis le livre à nouveau et cherche les mots du glossaire.** *Je vois le mot **infecté** à la page 18 et le mot **rostre** à la page 19. Les autres mots du glossaire se trouvent à la page 23.*

Crabtree Publishing Company
www.crabtreebooks.com 1-800-387-7650

Version imprimée du livre produite conjointement avec Blue Door Education en 2021.

Références photographiques : www.shutterstock.com - www.istock.com - www.dreamstime.com – Photo de la couverture © Michael Lynch. page titre : istock.com nechaev-kon; (éclaboussure de sang) ©resnak; p. 5 ©Aksenova Natalya; p. 6-7 © Stephane Bidouze, p. 7 (médaillon) ©sydeen; p. 8-9 ©Africa Studio; p. 10-11 ©Stuart G. Porter; p. 12-13 ©Harold Stiver, (carte) ©Serban Bogdan; p. 14-15 ©shutterstock.com/Nathapol Kongseang - Michael Lynch, p. 16 (carte) ©Serban Bogdan, p. 17 © Gcarter2; p. 18-19 ©mrfiza, (carte) ©Peteri; p. 20 ©Sarah2, p. 21 (poux en médaillon) ©Protasov AN, (enfant) ©JPC-PROD; p. 22 ©Drwo_Male, p. 22 (photo en médaillon) ©TiiT Hunt

Imprimé au Canada/082021/CPC

Auteur : Nicola Lopetz
Coordinatrice à l'impression : Katherine Berti
Traduction : Annie Evearts

Publié au Canada par Crabtree Publishing
616 Welland Ave.
St. Catharines, ON
L2M 5V6

Publié aux États-Unis par Crabtree Publishing
347 Fifth Ave
Suite 1402-145
New York, NY 10016

Catalogage avant publication de Bibliothèque et Archives Canada

Titre: Des suceurs de sang / Nicola Lopetz ; texte français d'Annie Evearts.
Autres titres: Bloodsuckers. Français.
Noms: Lopetz, Nicola, auteur.
Description: Mention de collection: Effrayants mais intéressants | Les jeunes plantes de Crabtree | Traduction de : Bloodsuckers. | Comprend un index.
Identifiants: Canadiana (livre imprimé) 20210286830 | Canadiana (livre numérique) 20210286849 | ISBN 9781039608351 (couverture souple) | ISBN 9781039608474 (HTML) | ISBN 9781039608597 (EPUB)
Vedettes-matière: RVM: Animaux hématophages—Ouvrages pour la jeunesse. | RVM: Insectes hématophages—Ouvrages pour la jeunesse. | RVMGF: Documents pour la jeunesse.
Classification: LCC QL756.55 .L6614 2022 | CDD j591.5/3—dc23